BILINGUAL

AESOP'S

FABLES

FOR SPANISH STUDENTS

Contents

Preface

As someone who has taught Spanish for 3 years already, I have seen students struggling to get easy to understand bilingual resources.

That's the main reason, I compiled and translated a bunch of fables, so people can read in both English and Spanish, so it's easier to learn new words and make comparisons between languages.

The main reason of why I recommend using Aesop's fables to study languages, is because they are way shorter than reading a whole book, also, they are very simple stories that teach you a good lesson, and even after hundreds of years are still current, and a lot of fun.

I hope this book helps anybody looking to improve their vocabulary in Spanish, and that you find this fables entertaining and educational.

Prefacio

Como alguien que ha enseñado español por 3 años, he visto a muchos estudiantes batallando para conseguir recursos bilingües que sean fáciles de entender.

Esa es la razón principal por la que he compilado y traducido una variedad de fábulas, para que la gente pueda leer tanto en inglés como en español, de manera que sea más fácil aprender nuevas palabras y hacer comparaciones entre los lenguajes.

La razón principal por la que recomiendo usar las fábulas de Esopo para aprender lenguajes, es porque, a comparación de un libro completo, son textos mucho más cortos para leer, además, son historias muy simples que te enseñan una buena lección, e incluso después de cientos de años aún son relevantes, y muy divertidas.

Espero que este libro ayude a toda persona que esté en busca de mejorar su vocabulario en español, y que encuentre estas fábulas entretenidas y educacionales.

You also may like our other Spanish book, MEXISLANG, available exclusively on Amazon
Get it now, so you can understand what the hell your Mexican friends are saying.

Link to MEXISLANG in Amazon US: https://amzn.to/2HtNG4K

Dissclaimer:

This book contains swearing and adult language, but also many common and not offensive slang, Both are very useful if you come to Mexico, or engage in conversations with Mexicans.
If you want to see the kind of words it contains, check our fanpage MEXISLANG in facebook.

Fanpage link: http://bit.ly/2NKntGk

MEXISLANG
WRITTEN BY RAÚL JIMÉNEZ

The Dog & His Master's Dinner

A Dog had learned to carry his master's dinner to him every day. He was very faithful to his duty, though the smell of the delicious things in the basket tempted him.

The Dogs in the neighborhood noticed him carrying the basket and soon discovered what was in it. They made several attempts to steal it from him. But he always guarded it faithfully.

Then, one day, all the Dogs in the neighborhood got together and met him on his way with the basket. The Dog tried to run away from them. But at last he stopped to argue.

That was his mistake. They soon made him feel so ridiculous that he dropped the basket and seized a large piece of roast meat intended for his master's dinner.

"Very well," he said, "you divide the rest."

Moral of the story: Do not stop to argue with temptation.

El perro y la cena de su amo

Un perro ha aprendido a llevarle la cena a su amo cada día. Él era muy fiel en su tarea, a pesar de que el olor de las cosas deliciosas en la canasta lo tentaban.

Los perros del vecindario lo notaron cargando la canasta, y pronto descubrieron lo que había adentro. Hicieron muchos intentos de robárselo. Pero él siempre la protegió fielmente.

Entonces, un día, todos los perros del vecindario, se juntaron y se encontraron con él en su camino con la canasta. El perro trató de huir de ellos, pero al final se detuvo a hablar.

Ese fue su error. Ellos lo hicieron sentir tan ridículo que tiró la canasta, y se apoderaron de una gran pieza de carne rostizada que era para la cena de su amo.

"Muy bien" dijo él, "dividan el resto".

Moraleja: No te detengas a abogar por tus tentaciones.

The Fox & the Lion

A very young Fox, who had never before seen a Lion, happened to meet one in the forest. A single look was enough to send the Fox off at top speed for the nearest hiding place.

The second time the Fox saw the Lion, he stopped behind a tree to look at him a moment before slinking away. But the third time, the Fox went boldly up to the Lion and, without turning a hair, said, "Hello, there, old top."

Moral of the story: Familiarity breeds contempt. Acquaintance with evil blinds us to its dangers.

El zorro y el león.

Un zorro muy joven, quien nunca antes había visto a un león, se encontró con uno en el bosque.
Una sola mirada fue suficiente para mandar al zorro a máxima velocidad al escondite más cercano.

La segunda vez que el zorro vio al León, se detuvo detrás de un árbol para verlo por un momento antes de escabullirse de allí. Pero la tercera vez, el zorro fue atrevidamente hacia el león y, sin perder la calma, dijo, "Hola amigo".

Moraleja: De la familiaridad, nace la rebeldía. Relacionarnos con el mal, nos hace ciegos a sus peligros.

The Vain Jackdaw & his Borrowed Feathers

A Jackdaw chanced to fly over the garden of the King's palace. There he saw with much wonder and envy a flock of royal Peacocks in all the glory of their splendid plumage.

The black Jackdaw was not a very handsome bird, nor very refined in manner. Yet he imagined that all he needed to make himself fit for the society of the Peacocks was a dress like theirs. So he picked up some castoff feathers of the Peacocks and stuck them among his own black plumes.

Dressed in his borrowed finery, he strutted loftily among the birds of his own kind. Then he flew down into the garden among the Peacocks. But they soon saw who he was. Angry at the cheat, they flew at him, plucking away the borrowed feathers and also some of his own.

The poor Jackdaw returned sadly to his former companions. There another unpleasant surprise awaited him. They had not forgotten his superior airs toward them, and, to punish him, they drove him away with a rain of pecks and jeers.

Moral of the story: Borrowed feathers do not make fine birds.

El vanidoso grajo y las plumas prestadas

Un grajo tuvo la fortuna de volar sobre el palacio del rey. Allí, él miro con mucha admiración y envidia una bandada de pavorreales en toda la gloria de su espléndido plumaje.

El grajo negro no era un pájaro muy guapo, ni muy refinado en modales. Aun así, él imagino que todo lo que necesitaba para pertenecer a la sociedad de pavorreales, era un vestido como el de ellos. Así que recogió algunas plumas caídas de los pavorreales, y las atoro entre sus propias plumas negras.

Vestido con el bello plumaje prestado, él se pavoneo deslumbrantemente ante las aves de su mismo tipo. Después, voló abajo hacia el jardín, entre los pavorreales. Pero ellos pronto vieron quién era. Enojados ante el engaño, volaron hacia él, desprendiendo las plumas prestadas, y también algunas de él mismo.

El pobre grajo regresó triste con sus antiguos compañeros. Allí, otra triste sorpresa lo aguardaba. No se habían olvidado del aire de superioridad que había tenido hacia ellos, y, para castigarlo, lo mandaron lejos con una lluvia de picoteos y abucheos.

Moraleja: Las plumas prestadas no nos convierten en aves finas.

The Wolf & the Lean Dog

A Wolf prowling near a village, one evening met a Dog. It happened to be a very lean and bony Dog, and Master Wolf would have turned up his nose at such meager fare had he not been more hungry than usual. So he began to edge toward the Dog, while the Dog backed away.

"Let me remind your lordship," said the Dog, his words interrupted now and then as he dodged a snap of the Wolf's teeth, "how unpleasant it would be to eat me now. Look at my ribs. I am nothing but skin and bone. But let me tell you something in private. In a few days my master will give a wedding feast for his only daughter. You can guess how fine and fat I will grow on the scraps from the table. Then is the time to eat me."

The Wolf could not help thinking how nice it would be to have a fine fat Dog to eat instead of the scrawny object before him. So he went away pulling in his belt and promising to return.

Some days later the Wolf came back for the promised feast. He found the Dog in his master's yard, and asked him to come out and be eaten.

"Sir," said the Dog, with a grin, "I shall be delighted to have you eat me. I'll be out as soon as the porter opens the door."

But the "porter" was a huge Dog whom the Wolf knew by painful experience to be very unkind toward wolves. So he decided not to wait and made off as fast as his legs could carry him.

Moral of the story: Do not depend on the promises of those whose interest it is to deceive you.

El lobo y el perro flaco

Un lobo merodeando cerca de una villa, una tarde se encontró con un perro. Sucedía que era un muy delgado y huesudo perro, y el gran lobo hubiera volteado la cara a esa escasa comida, si no hubiera estado más hambriento de lo usual. Así que empezó a moverse cautelosamente hacia el perro, mientras que éste se alejaba.

"Déjame recordarte mi señor" dijo el perro, sus palabras se interrumpían de vez en cuando mientras esquivaba los intentos de mordida de los dientes del lobo: "Qué desagradable sería comerme ahora. Mira mis costillas. No soy nada mas que piel y huesos. Pero déjame decirte algo en privado. En unos cuantos días, mi amo dará un festín por la boda de su única hija. Puedes suponer cuán delicioso y gordo me pondré con las sobras de toda la comida que sirvan. Ese es el momento perfecto para comerme".

El lobo no pudo evitar pensar lo bien que sería tener un delicioso y gordo perro para comer en lugar de ese escuálido objeto que estaba frente a él. Así, que se fue lejos, aguantándose el hambre, y prometiendo regresar.

Algunos días después, el lobo regresó por el festín prometido. Encontró al perro en el patio de su amo, y le pidió que saliera a ser comido.

"Señor", dijo el perro, con una sonrisa "me encantaría que me comieras. Saldré afuera tan pronto el portero abra la puerta".

Pero el "portero" era un enorme perro a quien el lobo conocía por dolorosas experiencias pasadas, y sabía que era poco amable hacia los lobos. Así que decidió no esperar, y se fue de allí tan rápido como sus piernas pudieron transportarlo.

11

Moraleja: No dependas de promesas de aquellos a quien su interés es engañarte.

The Monkey & the Dolphin

It happened once upon a time, that a certain Greek ship bound for Athens was wrecked off the coast close to Piraeus, the port of Athens. Had it not been for the Dolphins, who at that time were very friendly toward mankind and especially toward Athenians, all would have perished. But the Dolphins took the shipwrecked people on their backs and swam with them to shore.

Now it was the custom among the Greeks to take their pet monkeys and dogs with them whenever they went on a voyage. So when one of the Dolphins saw a Monkey struggling in the water, he thought it was a man, and made the Monkey climb up on his back. Then off he swam with him toward the shore.

The Monkey sat up, grave and dignified, on the Dolphin's back.

"You are a citizen of illustrious Athens, are you not?" asked the Dolphin politely.

"Yes," answered the Monkey, proudly. "My family is one of the noblest in the city."

"Indeed," said the Dolphin. "Then of course you often visit Piraeus."

"Yes, yes," replied the Monkey. "Indeed, I do. I am with him constantly. Piraeus is my very best friend."

This answer took the Dolphin by surprise, and, turning his head, he now saw what it was he was carrying. Without more ado, he dived and left the foolish Monkey to take care of himself, while he swam off in search of some human being to save.

Moral of the story: One falsehood leads to another.

El mono y el delfín

Sucedió hace mucho tiempo, que cierto navío griego que se dirigía a Atenas se hundió en la costa cerca del Pireo, el Puerto de Atenas. Si no hubiera sido por los delfines, quienes en ese tiempo eran muy amistosos con los humanos, y especialmente con los atenienses, todos hubieran muerto. Por consiguiente, los delfines tomaron a los náufragos en sus espaldas, y los llevaron a la costa.

Ahora, era costumbre entre los griegos, llevar a sus monos mascota y a sus perros con ellos cuando sea que salieran en un viaje. Así que cuando uno de los delfines vio a un mono forcejeando en el agua, pensó que era un hombre, e hizo que el mono subiera a su espalda. Entonces nadó con él rumbo a la costa.

El mono se sentó, grave y dignificado en la espalda del delfín.

"Eres un ciudadano de la ilustre Atenas, o no?" preguntó el delfín educadamente.

"Sí," respondió el mono, orgullosamente. "Mi familia es una de las más nobles de la ciudad".

"Seguro" dijo el Delfín. "Entonces seguro visitas el Pireo muy seguido"

"Sí, sí," replicó el mono. "Seguro que sí. Estoy con él constantemente. Pireo es el mejor de mis amigos".

Esta respuesta tomó por sorpresa al delfín, y, volteando su cabeza, a continuación se dio cuenta de lo que estaba cargando. Sin más que hacer, se sumergió y dejó que el tonto mono se ocupara de sí mismo, mientras que él nadaba lejos en busca de otro ser humano a quien salvar.

Moraleja: Una falsedad le sigue a otra.

The Mice & the Weasels

The Weasels and the Mice were always up in arms against each other. In every battle the Weasels carried off the victory, as well as a large number of the Mice, which they ate for dinner next day. In despair the Mice called a council, and there it was decided that the Mouse army was always beaten because it had no leaders. So a large number of generals and commanders were appointed from among the most eminent Mice.

To distinguish themselves from the soldiers in the ranks, the new leaders proudly bound on their heads lofty crests and ornaments of feathers or straw. Then after long preparation of the Mouse army in all the arts of war, they sent a challenge to the Weasels.

The Weasels accepted the challenge with eagerness, for they were always ready for a fight when a meal was in sight. They immediately attacked the Mouse army in large numbers. Soon the Mouse line gave way before the attack and the whole army fled for cover. The privates easily slipped into their holes, but the Mouse leaders could not squeeze through the narrow openings because of their head-dresses. Not one escaped the teeth of the hungry Weasels.

Moral of the story: Greatness has its penalties.

Los ratones y las comadrejas

Los ratones y las comadrejas siempre estaban en guerra las unas con las otras. En cada batalla, las comadrejas se llevaban la victoria, y a su vez, a un gran número de los ratones, a quienes comían para la cena al día siguiente. Desesperados, los ratones formaron un consejo, y fue decidido que el ejército de los ratones era siempre derrotado porque no tenían líderes. Entonces, un gran número de generales y comandantes fueron elegidos de entre los ratones más eminentes.

Para distinguirse a sí mismos de los soldados en sus filas, los nuevos líderes orgullosamente agregaron a sus cabezas nobles crestas y ornamentos de pluma o de paja. Entonces, después de una gran preparación del ejército de los ratones en todas las artes de la guerra, procedieron a retar a las comadrejas.

Las comadrejas aceptaron el reto con impaciencia, porque estaban siempre listos para la pelea cuando una comida estaba a la vista. Ellas inmediatamente atacaron al ejército de los ratones en grandes cantidades. Pronto la línea de los ratones se rompió después del ataque, y todo el ejército huyo para cubrirse. Los soldados entraron fácilmente en sus hoyos, pero los líderes ratones no pudieron meterse en las entradas estrechas, debido a los adornos de sus cabezas. Ninguno pudo escapar de los dientes de las hambrientas comadrejas.

Moraleja: La grandeza tiene sus penalizaciones.

The Wolf & the Ass

An Ass was feeding in a pasture near a wood when he saw a Wolf lurking in the shadows along the hedge. He easily guessed what the Wolf had in mind, and thought of a plan to save himself. So he pretended he was lame, and began to hobble painfully.

When the Wolf came up, he asked the Ass what had made him lame, and the Ass replied that he had stepped on a sharp thorn.

"Please pull it out," he pleaded, groaning as if in pain. "If you do not, it might stick in your throat when you eat me."

The Wolf saw the wisdom of the advice, for he wanted to enjoy his meal without any danger of choking. So the Ass lifted up his foot and the Wolf began to search very closely and carefully for the thorn.

Just then the Ass kicked out with all his might, tumbling the Wolf a dozen paces away. And while the Wolf was getting very slowly and painfully to his feet, the Ass galloped away in safety.

"Serves me right," growled the Wolf as he crept into the bushes. "I'm a butcher by trade, not a doctor."

Moral of the story: Stick to your trade.

El lobo y el asno

Un asno se estaba alimentando con pasto cerca de un bosque, cuando vio a un lobo asomándose entre las sombras por la cerca. Él fácilmente adivinó lo que el lobo tenía en mente, así que pensó en un plan para salvarse. Pretendió que estaba cojo, y empezó a caminar dolorosamente.

Cuando el lobo llegó, le preguntó al asno qué lo volvió cojo, y el asno respondió que había pisado una espina afilada.

"Por favor, sácala" le pidió, quejándose como si le doliera. "Si no lo haces, podría atorarse en tu garganta cuando me comas".

El lobo vio la sabiduría del consejo, ya que quería disfrutar de su comida sin ningún peligro de que se le atorara en su garganta. Así que el asno levantó su pata, y el lobo empezó a buscar muy cerca y cuidadosamente la espina.

Justo entonces el asno pateó con todas sus fuerzas, tumbando al lobo a una docena de pasos de allí. Y mientras que el lobo se ponía de pie de forma lenta y dolorosa, el asno galopó muy lejos de ahí.

"Lo merezco" gruñó el lobo mientras se metía entre los arbustos. "Soy carnicero de profesión, no doctor".

Moraleja: Apégate a tu profesión.

The Peacock

The Peacock, they say, did not at first have the beautiful feathers in which he now takes so much pride. These, Juno, whose favorite he was, granted to him one day when he begged her for a train of feathers to distinguish him from the other birds. Then, decked in his finery, gleaming with emerald, gold, purple, and azure, he strutted proudly among the birds. All regarded him with envy. Even the most beautiful pheasant could see that his beauty was surpassed.

Presently the Peacock saw an Eagle soaring high up in the blue sky and felt a desire to fly, as he had been accustomed to do. Lifting his wings he tried to rise from the ground. But the weight of his magnificent train held him down. Instead of flying up to greet the first rays of the morning sun or to bathe in the rosy light among the floating clouds at sunset, he would have to walk the ground more encumbered and oppressed than any common barnyard fowl.

Do not sacrifice your freedom for the sake of pomp and show.

El pavorreal

El pavorreal, dicen, en un principio no tenía las hermosas plumas de las que ahora está tan orgulloso. Por eso, Juno, de la que era el favorito, se las concedió un día cuando le pidió por un tren de plumas para distinguirlo de las otras aves. Entonces, cubierto de una fina capa, brillando en colores esmeralda, oro, púrpura y azul celeste, se pavoneó orgulloso entre las aves. Todos lo miraban con envidia. Incluso el más bello faisán podía ver que su belleza era superada.

Luego el pavorreal vio a un águila volando alto en el cielo azul, y sintió el deseo de volar, como estaba acostumbrado a hacerlo. Levantando sus alas, trató de levantarse del suelo. Pero el peso de su magnífico plumaje lo mantuvo abajo. En vez de volar para saludar a los primeros rayos de la mañana, o para bañarse en la luz rosada entre las flotantes nubes del atardecer, él tendría que caminar por la tierra más sobrecargado y oprimido que cualquier ave de corral.

Moraleja: No sacrifiques tu libertad por motivo de suntuosidad y opulencia.

The Wolf & the Lion

A Wolf had stolen a Lamb and was carrying it off to his lair to eat it. But his plans were very much changed when he met a Lion, who, without making any excuses, took the Lamb away from him.

The Wolf made off to a safe distance, and then said in a much injured tone:

"You have no right to take my property like that!"

The Lion looked back, but as the Wolf was too far away to be taught a lesson without too much inconvenience, he said:

"Your property? Did you buy it, or did the Shepherd make you a gift of it? Pray tell me, how did you get it?"

Moral of the story: What is evil won is evil lost.

El lobo y el león

Un lobo había robado un cordero y lo estaba llevando a su guarida para comérselo. Pero sus planes fueron cambiados cuando se encontró con un león, quien, sin hacer ninguna excusa, se llevó al cordero lejos de él.

El lobo se alejó a una distancia segura, y entonces dijo en un tono de mucho resentimiento:

"¡No tienes derecho a tomar mi propiedad de esa manera!"

El león se volteó, pero como el lobo estaba demasiado lejos como para enseñarle una lección sin demasiados inconvenientes, le dijo:

"¿Tu propiedad? ¿Lo compraste, o el pastor te lo regaló? Te ruego que me digas, ¿Cómo lo conseguiste?".

Moraleja: Lo que se obtiene por malos medios, se pierde por malos medios.

The Travelers & the Sea

Two Travelers were walking along the seashore. Far out they saw something riding on the waves.

"Look," said one, "a great ship rides in from distant lands, bearing rich treasures!"

The object they saw came ever nearer the shore.

"No," said the other, "that is not a treasure ship. That is some fisherman's skiff, with the day's catch of savoury fish."

Still nearer came the object. The waves washed it up on shore.

"It is a chest of gold lost from some wreck," they cried. Both Travelers rushed to the beach, but there they found nothing but a water-soaked log.

Moral of the story: Do not let your hopes carry you away from reality.

Los viajeros y el mar

Dos viajeros estaban caminando a través de la costa del mar. A lo lejos, ellos vieron algo galopando sobre las olas.

"Mira" dijo uno, "¡Un gran barco viene desde tierras lejanas, trayendo grandes tesoros!"

El objeto que vieron se acercaba cada vez más a la costa.

"No," dijo el otro, "Eso no es un barco del tesoro. Eso es el esquife de un pescador, con las capturas del día de delicioso pescado".

El objeto se acercó aún más. Las olas lo llevaron hasta la costa.

"Es un cofre de oro que se perdió en una inundación" gritaron. Ambos viajeros se apresuraron hacia la playa, pero allí no encontraton nada más que un trozo de madera empapado de agua

Moraleja: No dejes que tus esperanzas te lleven lejos de la realidad.

The Hares & the Frogs

Hares, as you know, are very timid. The least shadow, sends them scurrying in fright to a hiding place. Once they decided to die rather than live in such misery. But while they were debating how best to meet death, they thought they heard a noise and in a flash were scampering off to the warren. On the way they passed a pond where a family of Frogs was sitting among the reeds on the bank. In an instant the startled Frogs were seeking safety in the mud.

"Look," cried a Hare, "things are not so bad after all, for here are creatures who are even afraid of us!"

Moral of the story: However unfortunate we may think we are there is always someone worse off than ourselves.

Las liebres y las ranas

Las liebres, como tú sabes, son muy tímidas. La mínima sombra, las manda escurriéndose atemorizadas a un escondite. Una vez, ellas decidieron morir en vez de seguir viviendo en esa miseria. Pero mientras debatían sobre cuál era la mejor manera de morir, creyeron escuchar un ruido, y en un segundo estaban precipitándose a su madriguera. En el camino pasaron por un estanque donde una familia de ranas estaba sentada entre los juncos sobre la ribera. En un instante, las asustadas ranas fueron a buscar un lugar seguro en el lodo.

"Miren" gritó una liebre, "¡Las cosas no son tan malas después de todo, pues hay criaturas que incluso están asustadas de nosotros!"

Moraleja: Sin importar lo desafortunados que pensemos que somos, siempre hay alguien peor que nosotros.

The Frogs & the Ox

An Ox came down to a reedy pool to drink. As he splashed heavily into the water, he crushed a young Frog into the mud.

An old Frog soon missed the little one and asked his brothers and sisters what had become of him.

"A great big monster," said one of them, "stepped on little brother with one of his huge feet!"

"Big, was he!" said the old Frog, puffing herself up. "Was he as big as this?"

"Oh, much bigger!" they cried.

The Frog puffed up still more.

"He could not have been bigger than this," she said. But the little Frogs all declared that the monster was much, much bigger and the old Frog kept puffing herself out more and more until, all at once, she burst.

Moral of the story: Do not attempt the impossible.

Las ranas y el buey

Un buey bajó a un estanque lleno de carrizos a beber. Mientras él salpicaba fuertemente en el agua, aplastó a una joven rana en el lodo.

Una rana vieja pronto extrañó a la pequeña, y le preguntó a sus hermanos que había pasado con ella.

"Un grande y enorme monstruo," dijo una de ellas, "se paró sobre mi pequeño hermano con su enorme pie".

"¡Grande era él!" dijo la vieja rana, mientras ella misma se hinchaba. "¿Era tan grande como esto?"

"¡Oh, mucho más grande!" ellas gritaron.

La rana se hinchó aún más.

"Él no pudo ser más grande que esto," dijo ella. Pero todas las ranas pequeñas declararon que el monstruo era mucho, mucho más grande y la rana vieja siguió hinchándose más y más hasta, que de una vez por todas, reventó".

Moraleja: No intentes lo imposible.

The Fighting Cocks & the Eagle

Once there were two Cocks living in the same farmyard who could not bear the sight of each other. At last one day they flew up to fight it out, beak and claw. They fought until one of them was beaten, and crawled off to a corner to hide.

The Cock that had won the battle flew to the top of the hen-house, and, proudly flapping his wings, crowed with all his might to tell the world about his victory. But an Eagle, circling overhead, heard the boasting chanticleer and, swooping down, carried him off to his nest.

His rival saw the deed, and coming out of his corner, took his place as master of the farmyard.

Moral of the story: Pride goes before a fall.

Los gallos de pelea y el águila

Una vez, había dos gallos viviendo en el mismo patio de una granja, sin embargo, ninguno de los dos podía ni siquiera aguantar la mirada del otro. Finalmente, un día, ellos volaron para pelear, con pico y garras. Lucharon hasta que uno de ellos fue derrotado, y se arrastró lejos a una esquina a esconderse.

El gallo que había ganado la pelea, voló a lo alto del gallinero, y, orgulloso agitando sus alas, cantó con toda su fuerza, para anunciarle al mundo su victoria. Pero un águila, que hacía círculos desde arriba, escuchó el estruendoso cantico y, abalanzándose hacia abajo, lo cargó hasta su nido.

Su rival vio este acto, y saliendo de su esquina, tomó su lugar como el jefe del patio de la granja.

Moraleja: El orgullo viene antes de una caída.

The Ass in the Lion's Skin

An Ass found a Lion's skin left in the forest by a hunter. He dressed himself in it, and amused himself by hiding in a thicket and rushing out suddenly at the animals who passed that way. All took to their heels the moment they saw him.

The Ass was so pleased to see the animals running away from him, just as if he were King Lion himself, that he could not keep from expressing his delight by a loud, harsh bray. A Fox, who ran with the rest, stopped short as soon as he heard the voice. Approaching the Ass, he said with a laugh:

"If you had kept your mouth shut you might have frightened me, too. But you gave yourself away with that silly bray."

Moral of the story: A fool may deceive by his dress and appearance, but his words will soon show what he really is.

El Asno en la piel del león

Un asno encontró una piel de león dejada en el bosque por un cazador. Él se vistió con ella, y se divirtió mucho, escondiéndose en un arbusto y abalanzándose sobre los animales que pasaban por ese camino. Todos abatiéndose en retirada al momento que lo veían.

El asno estaba tan complacido de ver a los animales huyendo de él, justo como si fuera el rey león él mismo, que no pudo contenerse de expresar su deleite con un ruidoso y fuerte rebuzno. Un zorro, que huía con el resto, se paró en seco tan pronto escuchó la voz. Acercándose, dijo con una risa:

"Si hubieras mantenido la boca cerrada, tú me podrías haber asustado también. Pero te delataste con ese tonto rebuzno".

Moraleja: Un tonto puede engañar por su vestido y apariencia, pero sus palabras pronto mostrarán lo que el realmente es.

The Cock & the Fox

A Fox was caught in a trap one fine morning, because he had got too near the Farmer's hen house. No doubt he was hungry, but that was not an excuse for stealing. A Cock, rising early, discovered what had happened. He knew the Fox could not get at him, so he went a little closer to get a good look at his enemy.

The Fox saw a slender chance of escape.

"Dear friend," he said, "I was just on my way to visit a sick relative, when I stumbled into this string and got all tangled up. But please do not tell anybody about it. I dislike causing sorrow to anybody, and I am sure I can soon gnaw this string to pieces."

But the Cock was not to be so easily fooled. He soon roused the whole hen yard, and when the Farmer came running out, that was the end of Mr. Fox.

Moral of the story: The wicked deserve no aid.

El gallo y el zorro

Un zorro fue atrapado en una trampa una bonita mañana, porque había pasado muy cerca del gallinero del granjero. Un gallo, levantándose temprano, descubrió lo que había pasado. Él sabía que el zorro no podía alcanzarlo, así que fue un poco más cerca para mirar bien a su enemigo.

El zorro vio una pequeña oportunidad de escapar.

"Querido amigo," dijo él, "Estaba justo en mi camino a visitar a un pariente enfermo, cuando tropecé con esta cuerda, y terminé todo enredado. Pero por favor, no le cuentes a nadie sobre esto. Me disgusta causarle problemas a cualquiera, y estoy seguro de que puedo roer pronto esta cuerda en pedazos."

Pero el gallo no era tan fácil de engañar. Él pronto despertó a todo el gallinero, y cuando el granjero vino corriendo, fue el final del señor zorro.

Moraleja: Los malvados no merecen ayuda.

The Wolves & the Sheep

A pack of Wolves lurked near the Sheep pasture. But the Dogs kept them all at a respectful distance, and the Sheep grazed in perfect safety. But now the Wolves thought of a plan to trick the Sheep.

"Why is there always this hostility between us?" they said. "If it were not for those Dogs who are always stirring up trouble, I am sure we should get along beautifully. Send them away and you will see what good friends we shall become."

The Sheep were easily fooled. They persuaded the Dogs to go away, and that very evening the Wolves had the grandest feast of their lives.

Moral of the story: Do not give up friends for foes.

Los lobos y la oveja

Una manada de lobos acechaba cerca de la pastura de las ovejas. Pero los perros los mantenían a una distancia respetable, y las ovejas los miraron con total seguridad. Pero ahora, los lobos pensaron en un plan para engañar a la oveja.

"¿Por qué hay siempre esta hostilidad entre nosotros?" dijeron ellos. "Si no fuera por esos perros que siempre están inspirando problemas, estoy seguro que nos llevaríamos hermosamente bien. Mándalos lejos y verás que buenos amigos nos volveremos".

Las ovejas fueron engañadas fácilmente. Ellas persuadieron a los perros de irse, y esa misma noche los lobos tuvieron el más grande festín de sus vidas.

Moraleja: No cambies a tus amigos por enemigos.

Belling the Cat

The Mice once called a meeting to decide on a plan to free themselves of their enemy, the Cat. At least they wished to find some way of knowing when she was coming, so they might have time to run away. Indeed, something had to be done, for they lived in such constant fear of her claws that they hardly dared stir from their dens by night or day.

Many plans were discussed, but none of them was thought good enough. At last a very young Mouse got up and said:

"I have a plan that seems very simple, but I know it will be successful.

All we have to do is to hang a bell about the Cat's neck. When we hear the bell ringing we will know immediately that our enemy is coming."

All the Mice were much surprised that they had not thought of such a plan before. But in the midst of the rejoicing over their good fortune, an old Mouse arose and said:

"I will say that the plan of the young Mouse is very good. But let me ask one question: Who will bell the Cat?"

Moral of the story: It is one thing to say that something should be done, but quite a different matter to do it.

Poniendo la campana al gato

Los ratones una vez organizaron una reunión para decidir un plan para liberarse de su enemigo, el gato. Al menos deseaban encontrar una manera de saber cuándo venía, para que pudieran tener tiempo de huir. De hecho, algo tenía que hacerse, pues ellos habían vivido con tanto miedo constante de sus garras, que difícilmente se atrevían a salir de sus guaridas de día o de noche.

Muchos planes fueron discutidos, pero ninguno de ellos se pensó lo suficientemente bien. Al final, un ratón muy joven se levantó y dijo:

"Tengo un plan que parece muy sencillo, pero estoy seguro de que tendrá éxito".

Todo lo que debemos hacer es colgar una campana cerca del cuello del gato. Cuando escuchemos la campana sonar, sabremos inmediatamente que nuestro enemigo está viniendo".

Todos los ratones se sorprendieron mucho de no haber pensado ese plan antes. Pero mientras se regocijaban de su buena fortuna, un viejo ratón se levantó y dijo:

"Yo diré que el plan del joven ratón es muy bueno. Pero déjenme hacerles una pregunta: ¿quién le pondrá la campana al gato?"

Moraleja: Una cosa es decir que una cosa debería hacerse, y otra muy diferente es hacerla.

The Fox & the Grapes

One day, A Fox spied a beautiful bunch of ripe grapes hanging from a vine trained along the branches of a tree. The grapes seemed ready to burst with juice, and the Fox's mouth watered as he gazed longingly at them.

The bunch hung from a high branch, and the Fox had to jump for it. The first time he jumped he missed it by a long way. So he walked off a short distance and took a running leap at it, only to fall short once more. Again and again he tried, but in vain.

Now he sat down and looked at the grapes in disgust.

"What a fool I am," he said. "Here I am wearing myself out to get a bunch of sour grapes that are not worth gaping for."

And off he walked very, very scornfully.

Moral of the story: There are many who pretend to despise and belittle that which is beyond their reach

El zorro y las uvas

Un día, un zorro avistó un hermoso racimo de uvas colgando de una liana enredada a través de las ramas de un árbol. Las uvas parecían listas para reventar con jugo, y al zorro se le hizo agua a la boca mientras las miraba anhelante.

El racimo colgaba de una rama alta, y el zorro tuvo que saltar por ella. La primera vez que saltó, falló por mucho. Así que retrocedió una corta distancia y corrió para impulsarse, solo para fallar una vez más. Una y otra vez trató, pero fue en vano.

Ahora se sentó, y miró a las uvas con disgusto.

"Qué tonto soy," dijo él. "Aquí me estoy desgastando tratando de conseguir un racimo de uvas amargas por las que no vale la pena asombrarse"

Y lejos, caminó él, muy, muy desdeñosamente.

Moraleja: Hay muchos que pretenden despreciar y hacer menos algo que está más allá de su alcance.

The Wolf & the Crane

A Wolf had been feasting too greedily, and a bone had stuck crosswise in his throat. He could get it neither up nor down, and of course he could not eat a thing. Naturally that was an awful state of affairs for a greedy Wolf.

So away he hurried to the Crane. He was sure that she, with her long neck and bill, would easily be able to reach the bone and pull it out.

"I will reward you very handsomely," said the Wolf, "if you pull that bone out for me."

The Crane, as you can imagine, was very uneasy about putting her head in a Wolf's throat. But she was grasping in nature, so she did what the Wolf asked her to do.

When the Wolf felt that the bone was gone, he started to walk away.

"But what about my reward!" called the Crane anxiously.

"What!" snarled the Wolf, whirling around. "Haven't you got it? Isn't it enough that I let you take your head out of my mouth without snapping it off?"

Moral of the story: Expect no reward for serving the wicked.

El lobo y la grulla

Un lobo se había estado dando un banquete muy ávidamente, y de repente, un hueso se había atorado transversalmente en su garganta. No podía moverlo ni hacia arriba ni hacia abajo, y por supuesto no podía comer ninguna cosa. Naturalmente esa era una terrible circunstancia para un lobo goloso.

Entonces, se apresuró a ir con la grulla. Él estaba seguro de que ella, con su pico y cuello largo, podría fácilmente ser capaz de alcanzar el hueso y sacarlo.

"Te daré una gran recompensa," dijo el lobo, "si tu sacas ese hueso por mí"

La grulla, como pueden imaginar, estaba muy intranquila sobre poner su cabeza en la garganta del lobo. Pero ella era avariciosa por naturaleza, así que hizo lo que le pidió el lobo.

Cuando el lobo sintió que el hueso estaba afuera, empezó a irse.

"¡Pero qué pasó con mi recompensa!" lo llamó la grulla ansiosamente.

"¡Qué!" gruñó el lobo, girando alrededor. "¿No te has dado cuenta? ¿Qué no es suficiente que te deje sacar tu cabeza de mi boca sin romperla?"

Moraleja: No esperes ninguna recompensa si sirves a un malvado.

The Lion & the Mouse

A Lion lay asleep in the forest, his great head resting on his paws. A timid little Mouse came upon him unexpectedly, and in her fright and haste to get away, ran across the Lion's nose. Roused from his nap, the Lion laid his huge paw angrily on the tiny creature to kill her.

"Spare me!" begged the poor Mouse. "Please let me go and someday I will surely repay you."

The Lion was much amused to think that a Mouse could ever help him. But he was generous and finally let the Mouse go.

Some days later, while stalking his prey in the forest, the Lion was caught in the toils of a hunter's net. Unable to free himself, he filled the forest with his angry roaring. The Mouse knew the voice and quickly found the Lion struggling in the net. Running to one of the great ropes that bound him, she gnawed it until it parted, and soon the Lion was free.

"You laughed when I said I would repay you," said the Mouse. "Now you see that even a Mouse can help a Lion."

Moral of the story: A kindness is never wasted.

El león y el ratón

Un león yacía acostado en el bosque, con su gran cabeza descansando en sus patas.   Un tímido ratón se acercó a él inesperadamente, y por su miedo y apuro por alejarse, corrió a través de la nariz del león. Levantado de su siesta, el león posó su enorme pata con furia sobre la pequeña criatura para matarla.

"¡Perdóname!" rogó el pobre ratón. "Por favor, déjame ir, y un día te pagare de vuelta".

El león estaba muy entretenido de pensar que un ratón pudiera alguna vez ayudarle. Pero fue generoso, y finalmente dejó ir al ratón.

Algunos días después, mientras acechaba a su presa en un bosque, el león quedó atrapado en la red de un cazador. Incapaz de liberarse a sí mismo, llenó el bosque con su furioso rugido. El ratón conoció la voz y rápidamente encontró al león forcejeando en la red. Corriendo hacia una de las grandes cuerdas que lo atrapaban, él la mordisqueó hasta que se partió, y pronto el león estaba libre.

"Te reíste cuando te dije que te pagaría," dijo el ratón. "Ahora ves que incluso un ratón puede ayudar a un león".

Moraleja: Un acto de bondad nunca es un desperdicio.

The Gnat & the Bull

A Gnat flew over the meadow with much buzzing for so small a creature and settled on the tip of one of the horns of a Bull. After he had rested a short time, he made ready to fly away. But before he left he begged the Bull's pardon for having used his horn for a resting place.

"You must be very glad to have me go now," he said.

"It's all the same to me," replied the Bull. "I did not even know you were there."

Moral of the story: We are often of greater importance in our own eyes than in the eyes of our neighbor. The smaller the mind the greater the conceit.

El mosquito y el toro

Un mosquito voló sobre el prado, con muchos zumbidos para una criatura tan pequeña, y se paró en la punta de uno de los cuernos de un toro. Después de que descansó poco tiempo, estuvo listo para volar lejos de allí. Pero antes de irse, le pidió al toro perdón por haber usado sus cuernos como lugar de descanso.

"Debes estar muy aliviado de que me voy ahora," dijo él.

"Es igual para mí," replicó el toro. "Ni siquiera sabía que estabas allí".

Moraleja: A veces somos de mayor importancia a nuestros propios ojos, que en los ojos de nuestros vecinos. Entre más pequeña la mente, mayor la presunción.

The Oak & the Reeds

A Giant Oak stood near a brook in which grew some slender Reeds. When the wind blew, the great Oak stood proudly upright with its hundred arms uplifted to the sky. But the Reeds bowed low in the wind and sang a sad and mournful song.

"You have reason to complain," said the Oak. "The slightest breeze that ruffles the surface of the water makes you bow your heads, while I, the mighty Oak, stand upright and firm before the howling tempest."

"Do not worry about us," replied the Reeds. "The winds do not harm us. We bow before them and so we do not break. You, in all your pride and strength, have so far resisted their blows. But the end is coming."

As the Reeds spoke a great hurricane rushed out of the north. The Oak stood proudly and fought against the storm, while the yielding Reeds bowed low. The wind redoubled in fury, and all at once the great tree fell, torn up by the roots, and lay among the Reeds.

Moral of the story: Better to yield when it is folly to resist, than to resist stubbornly and be destroyed.

El roble y los juncos

Un roble gigante estaba de pie junto a un arroyo en el que crecían unos delgados juncos. Cuando el viento soplaba, el gran roble se mantenía de pie orgullosamente erguido con sus cientos de brazos levantados hacia el cielo. Pero los juncos se inclinaban hacia abajo con el viento, y cantaban una triste y lúgubre canción.

"Tienen razón de quejarse," dijo el roble. "La más leve brisa que agita la superficie del agua hace inclinar sus cabezas, mientras que yo, el poderoso roble, me mantengo erguido y firme ante la más clamorosa tempestad".

"No te preocupes por nosotros," respondieron los juncos. "Los vientos no nos hacen daño. Nos inclinamos ante ellos, y así no nos rompemos. Tú, con todo tu orgullo y fuerza, hasta ahora has resistido sus soplidos. Pero el fin está por venir".

Mientras los juncos hablaban, un gran huracán salió apresuradamente desde el norte. El roble se irguió orgullosamente y luchó contra la tormenta, mientras que los flexibles juncos se inclinaron. El viento redobló su furia, y en un solo momento, el gran árbol cayó, rompiéndose desde la raíz, y yaciendo entre los juncos.

Moraleja: Es mejor arrodillarse cuando es una locura resistirse, que resistir tercamente y ser destruido.

The Plane Tree

Two Travellers, walking in the noonday sun, sought the shade of a widespreading tree to rest. As they lay looking up among the pleasant leaves, they saw that it was a Plane Tree.

"How useless is the Plane!" said one of them. "It bears no fruit whatever, and only serves to litter the ground with leaves."

"Ungrateful creatures!" said a voice from the Plane Tree. "You lie here in my cooling shade, and yet you say I am useless! Thus ungratefully, Oh Jupiter, do men receive their blessings!"

Moral of the story: Our best blessings are often the least appreciated.

El plátano de sombra

Dos viajeros, caminando en el sol de mediodía, buscaron la sombra de un árbol con enormes ramas para descansar. Mientras yacían mirando hacia arriba entre las agradables hojas, vieron que era un plátano de sombra.

"¡Qué inútil es el plátano de sombra!" dijo uno de ellos. "No da ningún fruto, y solo sirve para llenar el suelo de hojas".

"Criaturas ingratas" dijo una voz desde el plátano de sombra. "¡Ustedes yacen allí en mi fresca sombra, y aun así dicen que soy un inútil! Cuán ingratamente, oh Jupiter, los hombres reciben a sus bendiciones".

Moraleja: Nuestras mejores bendiciones son muchas veces las menos apreciadas.

The Crow & the Pitcher

In a spell of dry weather, when the Birds could find very little to drink, a thirsty Crow found a pitcher with a little water in it. But the pitcher was high and had a narrow neck, and no matter how he tried, the Crow could not reach the water. The poor thing felt as if he was going to die of thirst.

Then an idea came to him. Picking up some small pebbles, he dropped them into the pitcher one by one. With each pebble the water rose a little higher until at last it was near enough so he could drink.

Moral of the story: In a pinch a good use of our wits may help us out.

El cuervo y la jarra

En una temporada de clima seco, cuando los pájaros podían encontrar muy poco para beber, un sediento cuervo encontró una jarra con un poco de agua en ella. Pero la jarra era muy alta y tenía un cuello muy estrecho, y sin importar cuanto tratara, el cuervo no podía alcanzar el agua. El pobrecillo se sentía como si él fuera a morir de sed.

Entonces, una idea vino a él. Recogiendo unos cuantos guijarros, los arrojó en la jarra uno por uno. Con cada guijarro, el agua se levantó un poco más alto, hasta que al final, estuvo suficientemente cerca para que él pudiera beber.

Moraleja: En un problema, el buen uso de nuestro ingenio puede ayudarnos.

The Wild Boar & the Fox

A Wild Boar was sharpening his tusks busily against the stump of a tree, when a Fox happened by. Now the Fox was always looking for a chance to make fun of his neighbors. So he made a great show of looking anxiously about, as if in fear of some hidden enemy. But the Boar kept right on with his work.

"Why are you doing that?" asked the Fox at last with a grin. "There isn't any danger that I can see."

"True enough," replied the Boar, "but when danger does come there will not be time for such work as this. My weapons will have to be ready for use then, or I shall suffer for it."

Moral of the story: Preparedness for war is the best guarantee of peace.

El jabalí y el zorro

Un jabalí estaba ocupado afilando sus colmillos en contra del poste de un árbol, cuando un zorro pasó por allí. Ahora, el zorro siempre buscaba la oportunidad de burlarse de sus vecinos. Así que hizo un gran espectáculo luciendo ansioso con algo, como con miedo de algún enemigo escondido. Pero el jabalí siguió con su trabajo.

"¿Por qué estás haciendo eso?" preguntó el zorro con una sonrisa. "No hay ningún peligro que yo pueda ver".

"Es verdad," replicó el jabalí, "pero cuando el peligro venga de verdad, no habrá tiempo para un trabajo como este. Mis armas deben estar listas para usarse, o sino, sufriré por eso".

Moraleja: Preparación para la guerra es la mejor garantía para la paz.

The Heron

A Heron was walking sedately along the bank of a stream, his eyes on the clear water, and his long neck and pointed bill ready to snap up a likely morsel for his breakfast. The clear water swarmed with fish, but Master Heron was hard to please that morning.

"No small fry for me," he said. "Such scanty fare is not fit for a Heron."

Now a fine young Perch swam near.

"No indeed," said the Heron. "I wouldn't even trouble to open my beak for anything like that!"

As the sun rose, the fish left the shallow water near the shore and swam below into the cool depths toward the middle. The Heron saw no more fish, and very glad was he at last to breakfast on a tiny Snail.

Moral of the story: Do not be too hard to suit or you may have to be content with the worst or with nothing at all.

La Garza

Una garza estaba caminando a través de la orilla de una corriente, sus ojos en el agua clara, y su largo cuello y puntiagudo pico, estaban listos para atrapar un apropiado bocadillo para su desayuno. El agua clara estaba llena de peces, pero la gran garza era difícil de satisfacer esa mañana.

"No quiero un pez pequeño para mí," dijo ella. "Este escaso alimento no es digno de una Garza."

De repente, una deliciosa y joven perca nadó cerca.

"De hecho, no" dijo la Garza. "¡Ni siquiera me esforzaría en abrir mi pico por algo como eso!"

Mientras el sol se elevaba, los peces dejaron el agua poco profunda cerca de la costa y nadaron abajo hacia las frescas profundidades cerca del centro. La garza no vio más peces, y estuvo muy a gusto cuando al fin desayunó un pequeño caracol.

Moraleja: No seas muy difícil de complacer, o te tendrás que conformar con lo peor, o con nada de nada.

The Stag & His Reflection

A Stag, drinking from a crystal spring, saw himself mirrored in the clear water. He greatly admired the graceful arch of his antlers, but he was very much ashamed of his spindling legs.

"How can it be," he sighed, "that I should be cursed with such legs when I have so magnificent a crown."

At that moment he scented a panther and in an instant was bounding away through the forest. But as he ran his wide-spreading antlers caught in the branches of the trees, and soon the Panther overtook him. Then the Stag perceived that the legs of which he was so ashamed would have saved him had it not been for the useless ornaments on his head.

Moral of the story: We often make much of the ornamental and despise the useful

El ciervo y su reflejo

Un ciervo, bebiendo de un estanque cristalino, se vio a sí mismo reflejado en el agua clara. Él admiró mucho el gracioso arco de sus cuernos, pero estaba muy avergonzado de sus largas y delgadas piernas.

"Cómo puede ser," él suspiró, "que haya sido maldecido con estas piernas cuando tengo esta magnífica corona".

En ese momento, él olfateó una pantera, y en un instante estaba escapando a través del bosque. Pero mientras corría, sus amplios cuernos quedaron atrapados en las ramas de los árboles, y pronto la pantera lo alcanzó. Entonces, el ciervo se dio cuenta que las piernas de las que estaba tan avergonzado lo hubieran salvado, si no hubiera sido por el inútil ornamento sobre su cabeza.

Moraleja: A veces valoramos mucho lo ornamental, y despreciamos lo útil.

The Cock & the Fox

One bright evening as the sun was sinking on a glorious world, a wise old Cock flew into a tree to roost. Before he composed himself to rest, he flapped his wings three times and crowed loudly. But just as he was about to put his head under his wing, his beady eyes caught a flash of red and a glimpse of a long pointed nose, and there just below him stood Master Fox.

"Have you heard the wonderful news?" cried the Fox in a very joyful and excited manner.

"What news?" asked the Cock very calmly. But he had a queer, fluttery feeling inside him, for, you know, he was very much afraid of the Fox.

"Your family and mine and all other animals have agreed to forget their differences and live in peace and friendship from now on forever. Just think of it! I simply cannot wait to embrace you! Do come down, dear friend, and let us celebrate the joyful event."

"How grand!" said the Cock. "I certainly am delighted at the news." But he spoke in an absent way, and stretching up on tiptoes, seemed to be looking at something afar off.

"What is it you see?" asked the Fox a little anxiously.

"Why, it looks to me like a couple of Dogs coming this way. They must have heard the good news and—"

But the Fox did not wait to hear more. Off he started on a run.

"Wait," cried the Cock. "Why do you run? The Dogs are friends of yours now!"

"Yes," answered the Fox. "But they might not have heard the news. Besides, I have a very important errand that I had almost forgotten about."

The Cock smiled as he buried his head in his feathers and went to sleep, for he had succeeded in outwitting a very crafty enemy.

Moral of the story: The trickster is easily tricked.

El gallo y el zorro

Una brillante tarde mientras el sol se estaba ocultando sobre un glorioso mundo, un sabio y viejo gallo voló a un árbol a pasar la noche. Antes de que se acomodara para descansar, agitó sus alas tres veces y cantó ruidosamente. Pero justo mientras él estaba a punto de poner su cabeza bajo su ala, sus redondos ojos notaron un resplandor rojo y el entrever de una larga y puntiaguda nariz, y allí justo debajo de él, estaba parado el señor zorro.

"¿Has escuchado las maravillosas noticias?" gritó el zorro en una muy alegre y emocionada manera.

"¿Qué noticias?" preguntó el gallo muy calmado. Pero tenía un extraño y palpitante sentimiento dentro de él, pues, tú sabes, él tenía mucho miedo del zorro.

"Tu familia y la mía, y la de todos los otros animales, han acordado olvidar sus diferencias y vivir en paz, y en amistad desde ahora hasta la eternidad. ¡Solo piensa en ello! ¡Simplemente no puedo esperar a abrazarte! Así que baja, querido amigo, y vamos a celebrar este alegre evento".

"¡Qué grandioso!" dijo el gallo. "Yo estoy realmente encantado con las noticias". Pero él hablaba en una manera ausente, y estirando las puntas de sus pies, parecía estar viendo algo muy distante.

"¿Qué es lo que ves?" Preguntó el zorro un poco ansioso.

"Pues, me parece que un par de perros vienen para acá. Seguro escucharon las buenas noticias y −"

Pero el zorro no esperó a escuchar más. Lejos de allí, empezó a correr.

"Espera," gritó el gallo. "¿Por qué corres? ¡Los perros son tus amigos ahora!"

"Sí," respondió el zorro. "Pero puede que ellos aún no hayan escuchado las noticias. Además, tengo algo muy importante que hacer que ya casi había olvidado".

El gallo sonrió mientras enterraba su cabeza en sus plumas y se fue a dormir, porque había triunfado en burlar a un muy astuto enemigo.

Moraleja: El tramposo es fácilmente engañado.

The Fox & the Goat

A Fox fell into a well, and though it was not very deep, he found that he could not get out again. After he had been in the well a long time, a thirsty Goat came by. The Goat thought the Fox had gone down to drink, and so he asked if the water was good.

"The finest in the whole country," said the crafty Fox, "jump in and try it. There is more than enough for both of us."

The thirsty Goat immediately jumped in and began to drink. The Fox just as quickly jumped on the Goat's back and leaped from the tip of the Goat's horns out of the well

The foolish Goat now saw what a plight he had got into, and begged the Fox to help him out. But the Fox was already on his way to the woods

"If you had as much sense as you have beard, old fellow," he said as he ran, "you would have been more cautious about finding a way to get out again before you jumped in."

Moral of the story: Look before you leap.

El zorro y la cabra

Un zorro cayó dentro de un pozo, y a pesar de que no era muy profundo, se dio cuenta de que no podía salir otra vez. Después de que estuvo en el pozo por mucho tiempo, una sedienta cabra se acercó. La cabra pensó que el zorro había bajado a beber, y preguntó si el agua estaba buena.

"La mejor de todo el país," dijo el astuto zorro, "Salta adentro y pruébala. Hay más que suficiente para ambos".

La sedienta cabra de inmediato saltó adentro y empezó a beber. El zorro, tan rápido como la cabra había saltado, brincó en la espalda de la cabra y se impulsó desde la punta de los cuernos de la cabra afuera del pozo.

La tonta cabra ahora veía el apuro en el que se había metido, y le rogó al zorro que la ayudara. Pero el zorro ya estaba de camino al bosque.

"Si tuvieras tanto sentido común como tienes barba, viejo amigo," dijo mientras corría, "hubieras sido más cauteloso acerca de encontrar una forma de salir de nuevo, antes de saltar adentro".

Moraleja: Mira antes de saltar.

The Frog & the Mouse

A young Mouse in search of adventure was running along the bank of a pond where lived a Frog. When the Frog saw the Mouse, he swam to the bank and croaked:

"Won't you pay me a visit? I can promise you a good time if you do."

The Mouse did not need much coaxing, for he was very anxious to see the world and everything in it. But though he could swim a little, he did not dare risk going into the pond without some help.

The Frog had a plan. He tied the Mouse's leg to his own with a tough reed. Then into the pond he jumped, dragging his foolish companion with him. The Mouse soon had enough of it and wanted to return to shore; but the treacherous Frog had other plans. He pulled the Mouse down under the water and drowned him. But before he could untie the reed that bound him to the dead Mouse, a Hawk came sailing over the pond. Seeing the body of the Mouse floating on the water, the Hawk swooped down, seized the Mouse and carried it off, with the Frog dangling from its leg. Thus at one swoop he had caught both meat and fish for his dinner.

Moral of the story: Those who seek to harm others often come to harm themselves through their own deceit.

La rana y el ratón

Un joven ratón en busca de aventuras, estaba corriendo a través de la orilla de un estanque donde vivía una rana. Cuando la rana vio al ratón, nadó hacia la orilla y croó:

"¿Por qué no me haces una visita? Puedo prometerte un buen rato si lo haces".

El ratón no necesitaba mucho convencimiento, pues estaba muy ansioso de ver el mundo y todo lo que había en él. Pero a pesar de que podía nadar un poco, no se atrevía a ir dentro del estanque sin algo de ayuda.

La rana tenía un plan. Ató la pierna del ratón a la suya con una fuerte caña. Entonces, saltó dentro del estanque, arrastrando a su tonto compañero con ella. El ratón pronto tuvo suficiente y quiso regresar a la costa; pero la traicionera rana tenía otros planes. Jaló al ratón debajo del agua y lo ahogó. Pero antes de que pudiera desatar la caña que lo ataba al ratón muerto, un halcón vino navegando sobre el estanque. Viendo el cuerpo del ratón flotando en el agua, el halcón se abalanzó hacia abajo, atrapando al ratón y cargando también, a la rana que colgaba de su pierna. Así con una sola arremetida había atrapado, tanto carne como pescado para su cena.

Moraleja: Los que buscan dañar a otros, a veces terminan dañados por sus propios actos.

The Wolf in Sheep's Clothing

A certain Wolf could not get enough to eat because of the watchfulness of the Shepherds. But one night he found a sheep skin that had been cast aside and forgotten. The next day, dressed in the skin, the Wolf strolled into the pasture with the Sheep. Soon a little Lamb was following him about and was quickly led away to slaughter.

That evening the Wolf entered the fold with the flock. But it happened that the Shepherd took a fancy for mutton broth that very evening, and, picking up a knife, went to the fold. There the first he laid hands on and killed was the Wolf.

Moral of the story: The evil doer often comes to harm through his own deceit.

El lobo en piel de oveja

Cierto lobo no podía conseguir suficiente para comer por la vigilancia de los pastores. Pero una noche encontró una piel de oveja que había sido apartada y olvidada. Al día siguiente, vestido con la piel, el lobo se paseó por las pasturas con las ovejas. Pronto, un pequeño cordero estaba siguiéndolo y fue rápidamente conducido a su muerte.

Esa tarde, el lobo entró al aprisco con el rebaño. Pero pronto sucedió que el Pastor quedó encaprichado por piel de cordero esa tarde, y agarrando un cuchillo, fue al aprisco. Allí, al primero al que agarró y mató, fue al lobo.

Moraleja: El malvado a veces termina dañado por su propio engaño.

The Mother & the Wolf

Early one morning a hungry Wolf was prowling around a cottage at the edge of a village, when he heard a child crying in the house. Then he heard the Mother's voice say:

"Hush, child, hush! Stop your crying, or I will give you to the Wolf!"

Surprised but delighted at the prospect of so delicious a meal, the Wolf settled down under an open window, expecting every moment to have the child handed out to him. But though the little one continued to fret, the Wolf waited all day in vain. Then, toward nightfall, he heard the Mother's voice again as she sat down near the window to sing and rock her baby to sleep.

"There, child, there! The Wolf shall not get you. No, no! Daddy is watching and Daddy will kill him if he should come near!"

Just then the Father came within sight of the home, and the Woif was barely able to save himself from the Dogs by a clever bit of running.

Moral of the story: Do not believe everything you hear.

La madre y el lobo

Una mañana temprano, un hambriento lobo estaba merodeando alrededor de una cabaña a la orilla de una villa, cuando escuchó a un niño llorar en una casa. Entonces, escuchó la voz de la madre decir:

"¡Silencio, niño, Silencio! ¡Deja de llorar, o te voy a dar al lobo!"

Sorprendido, pero deleitado con el prospecto de una deliciosa comida, el lobo se sentó abajo de una ventana abierta, esperando que en cualquier momento le dieran al niño. Pero a pesar de que el pequeño siguió llorando, el lobo esperó todo el día en vano. Entonces, casi al caer la noche, escuchó a la voz de la madre otra vez mientras se sentaba cerca de la ventana para cantar y arrullar a su bebé para dormir.

"¡Tranquilo, niño, Tranquilo! El lobo no se acercará a ti. ¡No, no! ¡Papi está viendo, y papi lo matará si se acerca!"

Justo entonces el padre llegó a una distancia visible de la casa, y el lobo apenas fue capaz de salvarse de los perros corriendo astutamente.

Moraleja: No creas todo lo que escuches.

The Dog & His Reflection

A Dog, to whom the butcher had thrown a bone, was hurrying home with his prize as fast as he could go. As he crossed a narrow footbridge, he happened to look down and saw himself reflected in the quiet water as if in a mirror. But the greedy Dog thought he saw a real Dog carrying a bone much bigger than his own.

If he had stopped to think he would have known better. But instead of thinking, he dropped his bone and sprang at the Dog in the river, only to find himself swimming for dear life to reach the shore. At last he managed to scramble out, and as he stood sadly thinking about the good bone he had lost, he realized what a stupid Dog he had been.

Moral of the story: It is very foolish to be greedy.

El perro y su reflejo

Un perro, a quien el carnicero había tirado un hueso, iba apresurado hacia su casa con su premio tan rápido como podía. Mientras cruzaba un estrecho puente, sucedió que miró hacia abajo y se vio a sí mismo reflejado en la quieta agua como si fuera un espejo. Pero el codicioso perro pensó que estaba viendo a un perro real cargando un hueso más grande que el propio.

Si él se hubiera detenido a pensar, se habría dado cuenta. Pero en vez de pensar, soltó su hueso y corrió hacia el perro del río, solo para encontrarse nadando por su vida para alcanzar la costa. Al final, él logró llegar, y se paró a pensar tristemente acerca del buen hueso que había perdido. Se dio cuenta qué estúpido perro había sido.

Moraleja: Es tonto ser avaricioso.

The Fox & the Crow

One bright morning, as the Fox was following his sharp nose through the wood in search of a bite to eat, he saw a Crow on the limb of a tree overhead. This was by no means the first Crow the Fox had ever seen. What caught his attention this time and made him stop for a second look, was that the lucky Crow held a bit of cheese in her beak.

"No need to search any farther," thought sly Master Fox. "Here is a dainty bite for my breakfast."

Up he trotted to the foot of the tree in which the Crow was sitting, and looking up admiringly, he cried, "Good-morning, beautiful creature!"

The Crow's head cocked on one side, watched the Fox suspiciously. But she kept her beak tightly closed on the cheese and did not return his greeting.

"What a charming creature she is!" said the Fox. "How her feathers shine! What a beautiful form and what splendid wings! Such a wonderful Bird should have a very lovely voice, since everything else about her is so perfect. Could she sing just one song, I know I should hail her Queen of Birds."

Listening to these flattering words, the Crow forgot all her suspicion, and also her breakfast. She wanted very much to be called Queen of Birds. So she opened her beak wide to utter her loudest caw, and down fell the cheese straight into the Fox's open mouth.

"Thank you," said Master Fox sweetly, as he walked off. "Though it is cracked, you have a voice sure enough. But where are your wits?"

Moral of the story: The flatterer lives at the expense of those who will listen to him.

El zorro y el cuervo

Una brillante mañana, mientras el zorro estaba siguiendo su aguda nariz a través del bosque en busca de algún bocadillo qué comer, vio a un cuervo sobre la rama de un árbol. No era de ninguna manera el primer cuervo que el zorro había visto. Lo que llamó su atención esta vez, y lo hizo detenerse para darle un segundo vistazo, fue que el suertudo cuervo sostenía un pedazo de queso en su pico.

"¡No hay necesidad de buscar más lejos!" Pensó el astuto señor zorro. "Aquí hay un fino bocadillo para mi desayuno".

Trotó hacia arriba, al pie del árbol en el que el cuervo se estaba sentando, y mirando hacia arriba admirado, él grito, "Buenos días, hermosa criatura".

La cabeza del cuervo se inclinó de un lado, y miró al zorro sospechosamente. Pero mantuvo su pico firmemente cerrado sobre el queso, y no le regresó el saludo.

"¡Qué encantadora criatura es esta!" dijo el zorro. "¡Cómo brillan sus plumas! ¡Qué hermosa forma y qué espléndidas alas! Un ave tan maravillosa debe de tener una encantadora voz, ya que todo sobre ella es perfecta. Si pudiera ésta cantar una canción, yo sé que la debería llamar la reina de las aves".

Escuchando estas palabras halagadoras, el cuervo olvidó todas sus sospechas, y también su desayuno. Ella realmente quería ser llamada la reina de las aves. Así que abrió todo su pico para expresar su más ruidoso graznido, y el queso cayó hacia abajo, directo a la boca abierta del zorro.

"Gracias," dijo dulcemente el señor zorro, mientras se alejaba caminando. "A pesar de que está quebrada, de seguro que tienes una voz. Pero, ¿dónde está tu ingenio?"

Moraleja: El adulador vive a expensas de aquellos que lo escuchan.

The Ant & the Dove

A Dove saw an Ant fall into a brook. The Ant struggled in vain to reach the bank, and in pity, the Dove dropped a blade of straw close beside it. Clinging to the straw like a shipwrecked sailor to a broken spar, the Ant floated safely to shore.

Soon after, the Ant saw a man getting ready to kill the Dove with a stone. But just as he cast the stone, the Ant stung him in the heel, so that the pain made him miss his aim, and the startled Dove flew to safety in a distant wood.

Moral of the story: A kindness is never wasted.

La hormiga y la Paloma

Una paloma vio a una hormiga caer dentro de un arroyo. La hormiga luchó en vano para alcanzar la orilla, y sintiendo lástima, la paloma tiró una hoja de paja cerca de ella. Aferrándose a la paja como un marinero náufrago a un madero roto, la hormiga flotó segura hacia la costa.

Poco después, la hormiga vio a un hombre preparándose para matar a la paloma con una piedra. Pero justo cuando levantaba la piedra, la hormiga lo picó en el tobillo, para que el dolor lo hiciera perder la puntería, y la asustada paloma voló a un lugar seguro en un árbol distante.

Moraleja: Una acción bondadosa nunca es en vano.

The Hare & His Ears

The Lion had been badly hurt by the horns of a Goat, which he was eating. He was very angry to think that any animal that he chose for a meal, should be so brazen as to wear such dangerous things as horns to scratch him while he ate. So he commanded that all animals with horns should leave his domains within twenty-four hours.

The command struck terror among the beasts. All those who were so unfortunate as to have horns, began to pack up and move out. Even the Hare, who, as you know, has no horns and so had nothing to fear, passed a very restless night, dreaming awful dreams about the fearful Lion.

And when he came out of the warren in the early morning sunshine, and there saw the shadow cast by his long and pointed ears, a terrible fright seized him.

"Goodbye, neighbor Cricket," he called. "I'm off. He will certainly make out that my ears are horns, no matter what I say."

Moral of the story: Do not give your enemies the slightest reason to attack your reputation. Your enemies will seize any excuse to attack you.

La liebre y sus orejas

El león se había lastimado mucho con los cuernos de la cabra, a la que se estaba comiendo. Estaba muy enojado de pensar que cualquier animal que él eligiera por comida, fuera tan descarado para usar cosas tan peligrosas como cuernos para rasguñarlo mientras comía. Así que ordenó a todos los animales con cuernos, que dejaran sus dominios en veinticuatro horas.

La orden provocó terror entre las bestias. Todas aquellas que fueran tan desafortunadas como para tener cuernos, empezaron a empacar y a mudarse. Incluso la liebre, quien, como tú sabes, no tenía cuernos, y debido a eso, nada que temer, pasó una noche sin descanso, soñando sueños horribles sobre el temible león.

Y cuando salió de su guarida durante los primeros rayos de sol de la mañana, y vio allí la sombra que proyectaban sus largas y puntiagudas orejas, un terrible miedo se apoderó de él.

"Adiós, vecino grillo," Él lo llamó. "Me voy. Él seguro dirá que mis orejas son cuernos, sin importar lo que diga".

Moraleja: No le des a tus enemigos la mas pequeña razón para atacar tu reputación. Tus enemigos aprovecharán cualquier excusa para atacarte.

The Fisherman & the Little Fish

A poor Fisherman, who lived on the fish he caught, had bad luck one day and caught nothing but a very small fry. The Fisherman was about to put it in his basket when the little Fish said:

"Please spare me, Mr. Fisherman! I am so small it is not worthwhile to carry me home. When I am bigger, I shall make you a much better meal."

But the Fisherman quickly put the fish into his basket.

"How foolish I should be," he said, "to throw you back. However small you may be, you are better than nothing at all."

Moral of the story: A small gain is worth more than a large promise.

El pescador y el pequeño pez

Un pobre pescador, quien vivía de los peces que él capturaba, tuvo mala suerte un día y no atrapó nada más que un pez muy pequeño. El pescador estaba a punto de ponerlo en su canasta, cuando el pequeño pez dijo:

"¡Por favor, déjeme ir Señor pescador! Soy tan pequeño que no vale la pena llevarme a casa. Cuando esté grande, haría para ti una comida mucho mejor".

Pero el pescador rápidamente puso al pequeño pez en su canasta.

"Qué tonto sería," dijo él, "de tirarte de vuelta. Sin importar lo pequeño que seas, eres mejor que nada".

Moraleja: Una pequeña ganancia es mejor que una gran promesa.

The Young Crab & His Mother

"Why in the world do you walk sideways like that?" said a Mother Crab to her son. "You should always walk straight forward with your toes turned out."

"Show me how to walk, mother dear," answered the little Crab obediently, "I want to learn."

So the old Crab tried and tried to walk straight forward. But she could walk sideways only, like her son. And when she wanted to turn her toes out she tripped and fell on her nose.

Moral of the story: Do not tell others how to act unless you can set a good example.

El joven cangrejo y su madre

"¿Por qué diablos caminas de lado, así?" Dijo una mamá cangrejo a su hijo "Tu siempre debes caminar hacia enfrente, con tus dedos girados hacia afuera".

"Enséñame como caminar, madre querida," respondió el pequeño cangrejo obedientemente, "quiero aprender".

Así que la vieja cangrejo trató y trató de caminar de frente. Pero ella solo pudo caminar de lado, como su hijo. Y cuando quiso voltear sus dedos, se resbaló y cayó de narices.

Moraleja: No le digas a otros como actuar a menos que puedas poner un buen ejemplo.

The Lion, the Ass, & the Fox

A Lion, an Ass, and a Fox were together, and caught a large quantity of game. The Ass was asked to divide the spoil. This he did very fairly, giving each an equal share.

The Fox was well satisfied, but the Lion flew into a great rage over it, and with one stroke of his huge paw, he added the Ass to the pile of slain.

Then he turned to the Fox.

"You divide it," he roared angrily.

The Fox wasted no time in talking. He quickly piled all the game into one great heap. From this he took a very small portion for himself, such undesirable bits as the horns and hoofs of a mountain goat, and the end of an ox tail.

The Lion now recovered his good humor entirely.

"Who taught you to divide so fairly?" he asked pleasantly.

"I learned a lesson from the Ass," replied the Fox, carefully edging away.

Moral of the story: Learn from the misfortunes of others.

El león el burro y el zorro

Un león, un asno, y un zorro estaban cazando juntos, y atraparon una gran cantidad de presas. Le pidieron al asno que dividiera las ganancias. Hizo esto muy justamente, dándole a cada uno una parte igual.

El zorro estaba satisfecho, pero el león se enfureció mucho por esto, y con un golpe de su enorme pata, agregó al asno a la pila de muertos.

Entonces, se volteó hacia el zorro.

"Tú divídelos," rugió enojado.

El zorro no perdió tiempo hablando. Rápidamente, apiló todas las presas en un enorme montón. De allí, él tomó una parte muy pequeña para sí mismo, con partes indeseables, como los cuernos y las pezuñas de una cabra de montaña, y el extremo final de la cola de un buey.

El león había recobrado su buen humor por completo.

"¿Quién te enseñó a dividir tan justamente?" preguntó complaciente.

"Aprendí la lección del burro", replicó el zorro, cuidadosamente alejándose nervioso.

Moraleja: Aprende de las desgracias de otros.

Jupiter and the Monkey

There was once a baby show among the Animals in the forest. Jupiter provided the prize. Of course all the proud mammas from far and near brought their babies. But none got there earlier than Mother Monkey. Proudly she presented her baby among the other contestants.

As you can imagine, there was quite a laugh when the Animals saw the ugly flat-nosed, hairless, pop-eyed little creature.

"Laugh if you will," said the Mother Monkey. "Though Jupiter may not give him the prize, I know that he is the prettiest, the sweetest, the dearest darling in the world."

Moral of the story: Mother love is blind.

Júpiter y el mono

Había una vez un espectáculo de bebés entre los animales del bosque. Júpiter proveía el premio. Por supuesto, todas las orgullosas madres de lejos y cerca llevaron a sus bebés, pero nadie llego allí antes que la mamá mono. Orgullosamente, ella presentó a su bebé entre los demás participantes.

Como pueden imaginar, hubo muchas risas cuando los animales vieron a esa criatura fea, de nariz plana, sin pelo y con ojos saltones.

"Ríanse si quieren," dijo la mamá mono. "Aunque Júpiter no le dé el premio, yo sé que es el más bonito, el más dulce, y el más preciado y querido del mundo".

Moraleja: El amor de una madre es ciego.

The Swallow & the Crow

The Swallow and the Crow had an argument one day about their plumage.

Said the Swallow: "Just look at my bright and downy feathers. Your black stiff quills are not worth having. Why don't you dress better? Show a little pride!"

"Your feathers may do very well in spring," replied the Crow, "but—I don't remember ever having seen you around in winter, and that's when I enjoy myself most."

Moral of the story: Friends in fine weather only, are not worth much.

La golondrina y el cuervo

La golondrina y el cuervo tuvieron un argumento un día acerca de su plumaje.

Dijo la golondrina: "Solo mira a mis brillantes y prodigiosas plumas. Tus negras y rígidas plumas, pues, no vale la pena tenerlas. ¿Por qué no te vistes mejor? Muestra un poco de orgullo".

"Tus plumas se pueden ver muy bien en primavera," replicó el cuervo, "Pero, no recuerdo haberte visto cerca en invierno, y eso es lo que yo disfruto más".

Moraleja: Los que son amigos solo en buen clima, no valen mucho.

The Ass & His Driver

An Ass was being driven along a road leading down the mountain side, when he suddenly took it into his silly head to choose his own path. He could see his stall at the foot of the mountain, and to him the quickest way down seemed to be over the edge of the nearest cliff. Just as he was about to leap over, his master caught him by the tail and tried to pull him back, but the stubborn Ass would not yield and pulled with all his might.

"Very well," said his master, "go your way, you willful beast, and see where it leads you."

With that he let go, and the foolish Ass tumbled head over heels down the mountain side.

Moral of the story: They who will not listen to reason but stubbornly go their own way against the friendly advice of those who are wiser than they, are on the road to misfortune.

El asno y su conductor

Un asno estaba siendo conducido a través de un camino que se dirigía hacia la parte baja de la montaña, cuando de repente, él usó su tonta cabeza para elegir su propio camino. Él podía ver su establo al pie de la montaña, y para él, el camino más rápido parecía ser sobre la orilla del barranco más cercano. Justo cuando estaba a punto de saltar, su amo lo agarró de la cola y trató de jalarlo hacia atrás, pero el terco asno no se daba por vencido y jaló con toda su fuerza.

"Muy bien," dijo su amo, "ve por tu propio camino, bestia caprichosa, y ve hacia donde te dirige".

Con eso, él lo soltó, y el tonto asno se cayó de boca hacia la parte baja de la montaña.

Moraleja: Aquellos que no escuchan razón, pero tercamente siguen su propio camino, en contra del aviso amistoso de quienes son más sabios que ellos, están en camino a la desgracia.

The Shepherd Boy & the Wolf

A Shepherd Boy tended his master's Sheep near a dark forest not far from the village. Soon he found life in the pasture very dull. All he could do to amuse himself was to talk to his dog or play on his shepherd's pipe.

One day as he sat watching the Sheep and the quiet forest, and thinking what he would do should he see a Wolf, he thought of a plan to amuse himself.

His Master had told him to call for help should a Wolf attack the flock, and the Villagers would drive it away. So now, though he had not seen anything that even looked like a Wolf, he ran toward the village shouting at the top of his voice, "Wolf! Wolf!"

As he expected, the Villagers who heard the cry dropped their work and ran in great excitement to the pasture. But when they got there they found the Boy doubled up with laughter at the trick he had played on them.

A few days later the Shepherd Boy again shouted, "Wolf! Wolf!" Again the Villagers ran to help him, only to be laughed at again.

Then one evening as the sun was setting behind the forest and the shadows were creeping out over the pasture, a Wolf really did spring from the underbrush and fall upon the Sheep.

In terror the Boy ran toward the village shouting "Wolf! Wolf!" But though the Villagers heard the cry, they did not run to help him as they had before. "He cannot fool us again," they said.

The Wolf killed a great many of the Boy's sheep and then slipped away into the forest.

Moral of the story: Liars are not believed even when they speak the truth.

El niño ovejero y el lobo

Un niño ovejero cuidaba a las ovejas de su amo cerca de un oscuro bosque, no muy lejos de la aldea. Pronto, él encontró la vida en los pastizales muy aburrida. Todo lo que podía hacer para distraerse, era hablar con su perro o tocar su silbato de ovejero.

Un día, mientras se sentó mirando a las ovejas y el quieto bosque, y pensando que haría si viera un lobo, él ideó un plan para entretenerse.

Su amo le había dicho que pidiera ayuda si un lobo atacaba al rebaño, y los aldeanos lo alejarían. Así que ahora, a pesar de que no había visto nada que se pareciera siquiera a un lobo, corrió hacia la aldea gritando lo más alto que podía su voz, "¡Lobo, Lobo!"

Justo como él esperaba, los aldeanos, quienes escucharon el grito dejaron su trabajo y corrieron con mucha exaltación hacia el pastizal. Pero cuando llegaron allí, encontraron al niño doblándose de risa por la broma que les había jugado.

Unos días después, el niño ovejero gritó otra vez, "¡Lobo, lobo!" De nuevo, los aldeanos corrieron a ayudarlo, solo para que él se riera de ellos otra vez.

Entonces, una tarde, mientras el sol se estaba poniendo detrás del bosque y las sombras se arrastraban hacia el pastizal, un lobo realmente apareció debajo del la maleza y cayó encima de las ovejas.

Aterrorizado, el niño corrió hacia la villa gritando "¡Lobo! ¡Lobo!" Pero a pesar de que los aldeanos escucharon el grito, ellos no corrieron a ayudarlo, como habían hecho antes. "No puede engañarnos de nuevo," dijeron ellos.

El lobo mató a la gran mayoría de las ovejas del niño, y después desapareció lejos dentro del bosque.

Moraleja: A los mentirosos no les creen, incluso cuando dicen la verdad.

The Farmer & the Stork

A Stork of a very simple and trusting nature had been asked by a gay party of Cranes to visit a field that had been newly planted. But the party ended dismally with all the birds entangled in the meshes of the Farmer's net.

The Stork begged the Farmer to spare him.

"Please let me go," he pleaded. "I belong to the Stork family who you know are honest and birds of good character. Besides, I did not know the Cranes were going to steal."

"You may be a very good bird," answered the Farmer, "but I caught you with the thieving Cranes and you will have to share the same punishment with them."

Moral of the story: You are judged by the company you keep.

El granjero y la cigüeña

Una cigüeña de naturaleza simple y confianzuda, había sido invitada por una parvada de alegres grullas a visitar un campo que acababa de ser plantado. Pero la parvada terminó tristemente con todos los pájaros enredados en las mallas de la red del granjero.

La cigüeña le rogó al granjero que lo perdonara.

"Por favor, déjame ir," él rogó. "Pertenezco a la familia de las cigüeñas quienes son pájaros honestos y de buen carácter. Además, yo no sabía que las grullas iban a robar".

"Podrás ser un ave muy buena," respondió el granjero, "Pero te atrapé con las ladronas grullas y tendrás que compartir el mismo castigo que ellas".

Moraleja: Serás juzgado por las compañías que mantienes.

The Wolf & His Shadow

A Wolf left his lair one evening in fine spirits and an excellent appetite. As he ran, the setting sun cast his shadow far out on the ground, and it looked as if the wolf were a hundred times bigger than he really was.

"Why?" exclaimed the Wolf proudly, "see how big I am! Fancy me running away from a puny Lion! I'll show him who is fit to be king, he or I."

Just then an immense shadow blotted him out entirely, and the next instant a Lion struck him down with a single blow.

Moral of the story: Do not let your fancy make you forget realities.

El lobo y su sombra

Un lobo dejó su guarida una tarde, con buena gana y excelente apetito. Mientras corría, el sol poniente proyectó su sombra lejos sobre el suelo, y parecía como si el lobo fuera cien veces más grande de lo que realmente era.

"¿Por qué?" exclamó el lobo orgullosamente, "¡mira lo grande que soy! ¡Figúrate a mí huyendo de un pequeño león! Yo le mostraré quien se merece ser el rey, él o yo".

Justo entonces una inmensa sombra lo cubrió completamente, y en el siguiente instante un león lo derribó de un solo golpe.

Moraleja: No dejes que tus imaginaciones te hagan olvidar la realidad.

Manufactured by Amazon.ca
Acheson, AB

10791816R00062